Cómo no ser la perfecta... Esposa

EDIMAT LIBROS, S. A.
Calle Primavera, 35
Polígono Industrial El Malvar
28500 Arganda del Rey
www.edimat.es
MADRID-ESPAÑA

Copyright © para lengua castellana
EDIMAT LIBROS, S. A., España, 2008
© The Foundry 2007
The Foundry Creative Media Limited
Crabtree Hall, Crabtree Lane
Fulham, London SW6 6TY
United Kingdom

ISBN: 978-84-9794-067-2

Título original: *How Not to be the Perfect Wife*
Agradecimientos: Cat Emslie, Chelsea Edwards, Andy
Frostick, Victoria Lyle, Sara Robson, Nick Wells

Primera publicación en 2007
Impreso en China

Cómo no ser la perfecta...

Esposa

Ulysses Brave

EDIMAT
LIBROS

*Una visita semanal al peluquero
hará que estés lista por si acaso
a tu marido le entran ganas
de pasar a la acción.*

Si te pasas planchando toda
la noche, asegúrate de que la cocina
está limpia por la mañana
a la hora del desayuno.

Tómate tu tiempo por la mañana para despejarte antes de despertar a toda la familia.

Marujea con tus vecinos:
siempre tienen chismes útiles
que contar.

*Si a tu marido se le antoja algo
especial para comer, no pierdas
el tiempo y remueve cielo
y tierra para
conseguirlo.*

Ten cuidado con las últimas tendencias en dietas, no siempre dan los resultados esperados.

Él nunca se da cuenta...

Apresúrate a llegar a casa para recibir a tu marido. Ayúdale a quitarse el abrigo y atiende a sus necesidades.

*No te desilusiones si tu marido
no se da cuenta de tu aspecto,
a veces es una ventaja.*

Aprovecha cualquier oportunidad para retocar tu maquillaje. Echa el último vistazo a tu aspecto en el retrovisor del coche cuando abras la puerta.

*Intenta que tu nuevo peinado
no se estropee antes de que lo vea
tu expectante marido.*

No intentes cuestionar las decisiones de tu marido. Existen otras formas de imponerse...

Sé consciente de la competencia
que tienes. Las compañeras
de trabajo de tu marido podrían
encontrarle tan "macho" como tú.

*No hay ningún tratamiento
tan doloroso o tan caro como
para no satisfacer a tu marido.*

No dudes en acicalarte mientras que tu marido se asea.

Hay maridos que aceptan que para que su mujer tenga un cuerpo perfecto no dediquen demasiado tiempo a la casa.

Si estás agotada después de un duro
día de trabajo... ¡que tu marido
no se dé cuenta!

Las obligaciones de una esposa conllevan hasta dirigir una orquesta de 48 músicos si hace falta para festejar el último gran negocio de su marido.

No te disgustes si tu marido quiere salir con más gente.

Escucha atentamente a tu marido.

Cuando hagas compras para la familia, tendrás que abrirte paso con uñas y dientes hasta la caja.

Si dejas a tu marido esperando en el coche mientras haces las compras, él podría sospechar que quieres flirtear con el personal del supermercado.

Inclinarse delante de los vecinos pondrá a tu marido en estado de alerta.

*A menudo, los maridos necesitan
tiempo para sus cosas.
¡Prepárate para salir!*

Si tu marido llega a casa tarde,
intenta comprender sus necesidades
y sé diligente.

*Antes de que tu marido baje
a desayunar, asegúrate
de que los niños saben qué tienen
que hacer y de preservar el silencio.*

¡Vuelve pronto!

Convéncete de que el único enemigo del afecto de tu marido es tu propia reflexión.

Sé humilde delante de tu marido. Recuerda que sus necesidades son más importantes que tú misma.